DERGUGL

# Feine Kuchenpralinen

Süße Backideen für kleine Gugelhupfe

südwest

# Inhalt

# Über die kleinste Kunstform

Der Klecks Marmelade auf der Kinderfingerspitze. Die Praline vor dem Zubettgehen. Die kreative Verführung im Sternerestaurant. Das sind die weltberühmten Meisterwerke der kleinsten Kunstform, des Naschens. Jeder kennt sie, die Momente des reinen Glücks und des reinen Genusses.

Das Interessante dabei: Nicht die Größe entscheidet, sondern das Format – Qualität, Handwerkskunst, Kreativität. Womit wir beim Gugl angekommen sind.

Von Hand, mit Herz und feinsten Zutaten gemacht.

Er ist das Naschkunstwerk, das in letzter Zeit bei Kennern überall in Deutschland in besonderem Maß für Furore gesorgt hat. Die klassische äußere Form erfreut Traditionalisten, die grenzenlose Kreativität der Rezeptideen begeistert all jene, die sich vom guten Geschmack leiten lassen, die zarte Konsistenz schließlich wird von den Freunden des perfekten Handwerks gefeiert.

Das sind alles bereits gute, schnelle Erklärungen für den Erfolg der Gugl. Doch wir wollen mit diesem Buch in die Tiefe gehen, uns mit allen Facetten des kleinen Glücks beschäftigen. Wer hatte eigentlich die Idee? Und warum? Wie lange hat es gedauert, aus der Fantasie Wirklichkeit werden zu lassen? Wie verlief die künstlerische Entwicklung? Und wie könnte sie in Zukunft aussehen? Und natürlich, nicht zuletzt, welches Handwerkszeug braucht man eigentlich für den perfekten Gugl?

## Kein Künstlername

Wenn man weiß, dass Chalwa eine Süßigkeit ist, die in Polen und Russland sehr beliebt ist, aus Indien und Zentralasien stammt und in Deutschland häufig als türkischer Honig verkauft wird, dann könnte man meinen, zumindest mein Vorname Chalwa sei ein selbst gewählter Künstlername. Das ist falsch. Ich wurde von meinen Eltern auf den Namen Chalwa getauft, vermutlich, weil sie mich als Baby besonders süß fanden. Dennoch kann man meinen Vornamen natürlich als eine Art Prophezeiung verstehen. Zumindest im Nachhinein. Mein Name also ist Chalwa Heigl. Nachdem ich einige Jahre recht erfolgreich in PR und Marketing gearbeitet hatte, fing ich irgendwann 2009 an, meinem Namen alle Ehre zu machen.

Eine Handtasche voll fettiger Muffinkrümel war der Auslöser. Ich hatte in einem renommierten Coffeeshop einen vielversprechenden und nicht ganz billigen Muffin gekauft. Er wurde hübsch verpackt und liebevoll in meiner Handtasche transportiert. Trotzdem: Die Verpackung fettete durch, riss und setzte die ärgerlichen Krümel frei.

In diesem Moment hatte die Muffinfamilie eine sehr ernst zu nehmende Gegnerin bekommen. Mit der grundsätzlichen Frage: Warum eigentlich gibt es in Deutschland, dem Land mit der großen Kuchentradition, nichts, was man mit amerikanischen Muffins oder auch französischen Macarons auf eine Stufe stellen kann? Oder besser: gleich eine Stufe höher? Meine Antwort war klar: weil noch niemand die Idee gehabt hatte.

Außer: ich, in diesem Moment.

**Die erste Kuchenpraline der Welt.**

## Arbeitsbeginn

Große Ideen führen zu viel Kleinarbeit. Wie soll der kleine Deutsche aussehen, schmecken, heißen? Theoretisch? Praktisch? Lesen, grübeln, backen, recherchieren, lesen, grübeln, backen. Irgendwann habe ich Fachleute hinzugezogen und geredet, backen lassen, diskutiert. Und wieder von vorne.

Aber dann, am 17. August 2009, kam er tatsächlich zur Welt – mein erster Gugl. Er war leicht, zart, nicht fettig, fast saftig

Für jeden Geschmack gibt es das passende kleine Glück.

und wunderbar aromatisch. Und er besaß von Geburt an die Tradition eines großen Namens, denn er war ein Gugelhupf. Nicht so groß, nicht so massiv, nicht so trocken. Aber mindestens so schön. Und er war etwas ganz Besonderes: nämlich eine Kuchenpraline. Genauer gesagt: die erste Kuchenpraline der Welt.
Er ist so klein wie eine Praline und doch ist er ein Kuchen.
Um den Gugl zu beschreiben, musste ich ein völlig neues Wort erfinden.

## Der Gugl, die Kuchenpraline

Mit dem ersten Gugl war der kreative Prozess selbstverständlich nicht beendet. Im Gegenteil. Nun war aus einer Idee ein völlig neues Produkt geworden, und viele Freunde, Bekannte und Verwandte waren bereits begeistert.
Sollte ich den nächsten Schritt machen und wirklich ernsthaft versuchen, den Gugl im größeren Stil zu vermarkten? Eine Firma gründen mit Businessplan, Unternehmenskonzept, Produktion, Vertrieb, Distribution, Vermarktungsstrategie, Werbeabteilung, Büro und Backstube?
»Sicher! Für die Erfinderin der Kuchenpraline ist nichts unmöglich.« So mein Mantra, meine Art von »Pfeifen im Wald«.
Tatsächlich war ich überzeugt von meinem Gugl, und Anfang 2010 war es endlich so weit: Die Firma war gegründet, die Mitarbeiter gefunden, die Strategie entwickelt und die Webseite www.dergugl.de mit der ersten Gugl-Frühjahr-Sommer-Kollektion endlich online.
Dies waren die ersten neun köstlichen, kleinen Naschkunstwerke: Schokolade, Eierlikör-Zitrone, Sauerkirsche-Haselnuss, Kokos-Zitronengras, Matchatee-Pflaume, Passionsfrucht, Schokolade-Cranberry, Kaffee-Kardamom und Rose-Physalis.
Und dies war der häufigste Kommentar unter Kunstfreunden: »Hhhhmmmmmhhhh …«.

Unsere Ideen ändern sich nach Lust und Laune und Jahreszeit.

## Das Glück darf auch klein sein

Dieser Satz wurde mein Grundsatz, sozusagen meine Passion. Dass der Satz für den Gugl stimmt, ist auf den ersten Blick zu erkennen und auf den ersten Biss bewiesen. Doch er stimmt auch in vieler anderer Hinsicht.

Mit unserer »Piaggio Ape 50«, so heißt unsere rollende Patisserie offiziell, fahren wir – voll beladen mit kleinen Köstlichkeiten – zu Hochzeitsfeiern oder Wochenmärkten und stellen dort unser kleines Glück aus. Auch mit Gugl bestückte Bauchläden verleihen wir – wenn gewünscht mitsamt hübschen Mädchen – für kleine und große Events. Zum Oktoberfest backen wir Wiesn-Gugl mit Weißbier und Hopfen. Zu Silvester Gugl mit Champagner. Zu Ostern Gugl mit Eierlikör. Zum Muttertag bekommt die Gugl-Geschenkpackung eine Herzform. Und damit jeder die kleine Freude mit seinen Lieben teilen kann, bieten wir unseren kleinen Superservice an: Wir verschicken die Gugl gerne auch als Geschenk, mit persönlicher Nachricht, auf Wunsch sogar automatisch nach dem individuellen Kalender unserer Kunden. Den Service gibt es da, wo es auch die Gugl und unsere Saucen und Marmeladen gibt: www.dergugl.de.

Zu guter Letzt aber das Größte: die Heimat der Gugl. Die ist das Atelier der Künstler – zwar auch nicht riesig, aber trotzdem die perfekte Event-Location im Herzen von München. Sie können sie mieten, dort Feste feiern, Spaß haben und: an unseren Backkursen teilnehmen und von unseren Patissiers lernen.

Wir sind entschlossen, die kreativen Spezialisten zu sein für das kleine Glück.

## Wie ist bei Ihnen die Zimmertemperatur?

Kommen wir nun zum Wesen der Naschkunstwerke und wie man die kleinen Kunststücke entstehen lässt. Das Wichtigste: die Zimmertemperatur. Sie muss übereinstimmen mit der Temperatur der Zutaten, vor allem der Butter und der Eier. Andernfalls verbinden sich die Zutaten nicht zu einer homogenen Masse. Außer-

Kaufen Sie beste Zutaten, wenn möglich bio. Dann sind auch Sie glücklicher.

Die drei Faustregeln zum kleinen Glück.

dem sollten diese möglichst frisch sein, insbesondere frische Eier machen sich beim Backen positiv bemerkbar. Zum Teig selbst: Zunächst rühren Sie Butter mit Puderzucker schaumig. Achtung! Hier ist Fingerspitzengefühl wichtig: nicht zu lang und nicht zu kurz. Wenn die Rührmasse Volumen und feine Poren zeigt, geben Sie die Eier dazu und arbeiten sie ein. Achtung! Einzeln, da das Fett nicht alle Eier gleichzeitig aufnehmen kann. Zuletzt wird das gesiebte Mehl, Type 405, untergehoben. Achtung! Nicht zu lange rühren, sonst entwickelt sich ein Kleber, der verhindert, dass die Gugl aufgehen. Dies als grundsätzliche Kunstgriffe. Doch es gehört noch mehr dazu, damit aus Fett, Eiern und Mehl ein köstlicher Gugl wird. Natürliche Aromen, Pasten, Öle z. B. – die werden nach Faustregel Nummer eins immer in der Butter aufgelöst. Nüsse, Mandeln, Pistazien und Samen wie z. B. Sesam werden nach Faustregel Nummer zwei grundsätzlich in der Pfanne oder im Ofen vorsichtig angeröstet, bis sie duften, und später – zusammen mit dem Mehl – zur Butter-Eier-Mischung gegeben. Faustregel Nummer drei: beim Backen der Gugl alles weglassen, was nicht schmeckt. Und das, was schmeckt, sollte so frisch und aromatisch wie möglich sein – viele Zutaten bester Qualität können Sie im Gugl-Onlineshop bestellen. Und was brauchen Sie noch? Ein Arbeitsbrett, ein Küchenmesser, einen Schneebesen, für die Zutaten viele kleine Schüsselchen plus eine große Schüssel für den Teig, ein Sieb, eine Küchenwaage, einen Spritzbeutel zum Einfüllen des Teiges, einen Ess- und einen Teelöffel, einen kleinen Topf zum Zerlassen der Butter und einen Pinsel oder etwas Küchenpapier zum Ausfetten der Formen (20 Gramm Butter für 18 Formen).

**Mit der beiliegenden Form kann das kleine Glück selbst gebacken werden.**

## Jetzt geht's los

Gugl-Süchtige, -Fans, -Liebhaber und -Freunde haben ihre Lieblingsrezepte und -ideen geschickt, ich selbst habe viel Zeit

am Backofen verbracht, unsere Patissiers haben eine Menge probiert. So konnte ich mit meinem Team für dieses Buch viele ungewöhnliche, neue und überraschende Rezepte aussuchen, die es als Gugl nicht fertig zu kaufen gibt.
Nach den vier Jahreszeiten mit leichten sommerlichen Rezepten und kräftigen herbstlichen Ideen im ersten Teil dieses Buchs werden Sie im Anschluss die Klassiker finden und schließlich auch noch Gugl als Dessertvariationen. Alle sinnvollen Maßangaben habe ich in Gramm gemacht (3 Rhabarberstangen können nämlich 100 oder 200 Gramm wiegen) und alle Zutaten habe ich in genau der Reihenfolge aufgelistet, in der sie im Rezept verwendet werden. Der aufmerksame Gugl-Bäcker wird außerdem bemerken, dass sich Strukturen in den Rezepten wiederholen. All das dient dazu, das Backen einfacher zu machen.
Die Gugelhupfformen vor dem Hineingeben des Teigs bis zum oberen Rand der Rillen buttern und mit Mehl bestäuben. Die Gugl nach dem Backen und vor dem Auslösen kurz abkühlen lassen.
Obwohl wir wissen, dass Gugl nicht alt werden, kann es vorkommen, dass sie auch nicht alle sofort aufgegessen werden. Das ist nicht schlimm, denn in einer luftdichten Dose im Kühlschrank halten sie sich ein paar Tage. Jedoch: Etwa eine Stunde vor dem Genuss sollten Sie die Gugl aus dem Kühlschrank nehmen, denn nur bei Zimmertemperatur entfalten die kleinen Kunstwerke ihren ganzen großen Zauber. Manche Fans meinen, die kleinen Kuchenpralinen schmecken »fast« wie frisch gebacken, wenn man sie noch einmal kurz in der Mikrowelle erwärmt (Backofen anstelle Mikrowelle ist auch eine Möglichkeit).
Ich wünsche Ihnen viel Vergnügen beim Erschaffen Ihrer eigenen Gugl und danke allen Fans und Kunstfreunden, die ihre Rezepte und Ideen mit uns geteilt haben.

Süße Grüße!
Ihre Chalwa Heigl

**Zum Dessert mit unseren Saucen, Cremes oder Marmeladen ein Genuss hoch zwei.**

Achten Sie auf die Backzeiten, damit die Gugl nicht an Saftigkeit verlieren und knusprig werden.

# Sommerliche Leichtigkeit

Das Licht, die Farben, die angenehmen Temperaturen – jeder Mensch liebt den Frühling und den Sommer. Und dabei sind die besonderen Köstlichkeiten der warmen Jahreszeiten noch gar nicht genannt: duftendes frisches Obst, feine Aromen und exotische Zutaten. Der frische, knackige Rhabarber macht den Anfang im Frühjahr, dann folgen die sensiblen und feinen Beeren, schließlich die prallen Pfirsiche und knackigen Kirschen, voll mit Sonnenenergie. Stellen Sie sich vor: all das auch noch im Gugl.

# Gugl Rhabarber-Marzipan

Ein Rezept meiner Freundin Claudia aus München. Ihr Freund Rüdiger ist der Süße von den beiden. Für ihn und mich hat sie sich dieses Sommerrezept ausgedacht.

**Für 18 Gugl**

20 g Butter und Mehl für die Formen
80 g Butter
80 g Puderzucker
Mark von 1 Vanilleschote
2 TL Amaretto
100 g Eier (2 mittelgroße)
90 g Mehl
80 g Rhabarberstangen
Mehl und Puderzucker zum Wenden
30 g Marzipanrohmasse
30 g Sahne
5 g Zucker
**Extrazubehör:** Sparschäler

**Zubereitungszeit**
**35 Minuten plus Backzeit**

1 Die Zutaten vor der Zubereitung auf Zimmertemperatur bringen. Die Butter zum Einfetten der Gugelhupfformen erhitzen. Formen mit Pinsel oder Küchenpapier einfetten und mit Mehl bestäuben. Backofen auf 210 °C Ober-/Unterhitze vorheizen.

2 Die Butter mit Puderzucker, Vanillemark und Amaretto glatt rühren. Die Eier einzeln unterrühren. Das Mehl sieben.

3 Rhabarber schälen und in sehr kleine Würfel schneiden, in Mehl wenden und mit etwas Puderzucker vermischen. Marzipan in sehr kleine Würfel schneiden und ebenfalls in wenig Mehl wenden (das verhindert das Zusammenkleben), kurz in den Kühlschrank stellen. Die Sahne mit Zucker steif schlagen. Mehl, Rhabarber und Marzipanwürfel abwechselnd in die Eiermasse rühren, steif geschlagene Sahne unterheben, bis der Teig geschmeidig ist.

4 Teig in die Gugelhupfformen füllen und im unteren Drittel des vorgeheizten Backofens ca. 16 Minuten backen. Anschließend aus dem Ofen nehmen, abkühlen lassen und herauslösen.

**Tipp** **Kaufen Sie frische Eier vom Bauern mit Hühnern in Freilandhaltung. Für das Backen gilt: je frischer die Eier, desto besser die Gugl. Und wenn das Ei vom glücklichen Huhn stammt, dann werden auch Sie glücklich sein. Übrigens müssen Eier gar nicht in den Kühlschrank – außer es ist mal wieder ein heißer Sommer, oder das Mindesthaltbarkeitsdatum läuft bald ab.**

Dieses Rezept finden Sie auf Seite 10 abgebildet.

# Gugl Johannisbeere-Vanille

Udo ist mein Lebenspartner. Und weil er nicht backen kann (dafür kann er ganz viele andere tolle Dinge), hat seine Mutter Änni mit ihm zusammen dieses Rezept erfunden. Dass beide Gugl-Fans sind, versteht sich von selbst.

1 Die Zutaten vor der Zubereitung auf Zimmertemperatur bringen. Gugelhupfformen einfetten und mit Mehl bestäuben. Backofen auf 210 °C Ober-/Unterhitze vorheizen.

2 Vanilleschote längs aufschlitzen und das Mark herauskratzen. Die Butter erst mit Puderzucker, dann mit Vanillemark glatt rühren. Das Ei unterrühren. Die Sahne mit dem Rum steif schlagen und unterheben.

3 Vanillepulver und Mehl sieben und sukzessive zur Masse geben. Die frischen Johannisbeeren waschen, von den Rispen lösen und mit einer Gabel ein wenig zerdrücken. Anschließend mit Zitronensaft unter den Teig mischen und glatt rühren.

4 Teig in die Gugelhupfformen füllen und im vorgeheizten Backofen auf der vorletzten Schiene ca. 12 Minuten backen. Anschließend aus dem Ofen nehmen, abkühlen lassen und herauslösen.

**Tipp** **Statt Vanillepulver kann man auch Vanillezucker nehmen, was allerdings weniger intensiv nach Vanille schmeckt. Reife rote Johannisbeeren sind saurer und deshalb besser geeignet als schwarze. Und das nicht zuletzt deshalb, weil ihre Haut dünner ist.**

**Für 18 Gugl**

- 20 g Butter und Mehl für die Formen
- ½ Vanilleschote
- 70 g Butter
- 60 g Puderzucker
- 50 g Ei (1 mittelgroßes)
- 40 g Sahne
- 1 EL Rum
- 1 TL Vanillepulver
- 90 g Mehl
- 60 g frische Johannisbeeren
- 1 Spritzer Zitronensaft

**Zubereitungszeit**
**20 Minuten plus Backzeit**

# Gugl Amarettorahm-Erdbeere

Ophelia ist Schriftstellerin und Gugl-Fan der ersten Stunde. Am liebsten hätte sie »Das kleine Laster«, unsere rollende Patisserie, die wir auch vermieten, dauerhaft in ihrer Nähe in Berlin. Weil das (noch) nicht möglich ist, hat sie diesen Gugl erfunden.

**Für 18 Gugl**

20 g Butter und Mehl für die Formen
½ Vanilleschote
50 g Butter
50 g Puderzucker
4 EL Amarettolikör
50 g Ei (1 mittelgroßes)
20 g Sahne
60 g Mehl
70 g frische Erdbeeren
Mehl zum Bestäuben

**Zubereitungszeit**
**25 Minuten plus Backzeit**

1 Die Zutaten vor der Zubereitung auf Zimmertemperatur bringen. Gugelhupfformen einfetten und mit Mehl bestäuben. Backofen auf 210 °C Ober-/Unterhitze vorheizen.

2 Vanilleschote längs aufschlitzen und das Mark herauskratzen. Butter erhitzen und langsam den gesiebten Puderzucker, das Vanillemark und 2 Esslöffel Amaretto hineinrühren. Das Ei unterheben und alles zusammen glatt rühren. Sahne steif schlagen und unterheben. Mehl sieben und unter die Masse rühren.

3 Die frischen Erdbeeren waschen, putzen, in kleine Stücke schneiden und mit 2 Esslöffeln Amaretto in einer extra Schüssel vermengen. Etwas Mehl über die Erdbeeren stäuben. Anschließend unter die Masse heben.

4 Teig in die Gugelhupfformen füllen und im vorgeheizten Backofen im unteren Drittel ca. 14 Minuten backen. Anschließend aus dem Ofen nehmen, abkühlen lassen und herauslösen.

**Tipp** **Erdbeeren genießt man am besten im Mai, wenn sie schön kräftig rot sind und fruchtig schmecken. Nehmen Sie sich ruhig die Zeit, die Erdbeeren selbst zu pflücken. Und probieren Sie Gugl Amarettorahm-Erdbeere mit der Marzipancreme von Seite 52 und frischen Erdbeeren – ein tolles Dessert.**

# Gugl Nougat-Marille

(Wenn er nicht Werbung macht, fotografiert er: Traugott. Mein bester Freund und Gugl-Begleiter, der mich von Anfang an seelisch und geistig unterstützt hat. Und weil ich das mal allen sagen wollte, hat er dieses Rezept entwickelt.)

**Für 18 Gugl**

20 g Butter und Mehl für die Formen
100 g frische Marillen
25 g Nussnougat
½ Vanilleschote
75 g Butter
60 g Puderzucker
100 g Eier (2 mittelgroße)
40 g Mehl
100 g geriebene Mandeln
20 g Sahne
Mehl zum Wenden
**Extrazubehör:** Pürierstab

**Zubereitungszeit**
**30 Minuten plus Backzeit**

Dieses Rezept finden Sie auf Seite 10 abgebildet.

1 Die Zutaten vor der Zubereitung auf Zimmertemperatur bringen. Gugelhupfformen einfetten und mit Mehl bestäuben. Backofen auf 210 °C Ober-/Unterhitze vorheizen.

2 Marillen waschen, halbieren, entsteinen und zwei Drittel in kleine Würfel schneiden. Die restlichen 30 Gramm pürieren. Nussnougat erwärmen, bis es flüssig ist. Die Vanilleschote längs aufschlitzen und das Mark herauskratzen.

3 Butter erhitzen, langsam gesiebten Puderzucker, Vanillemark und Nussnougat beimischen und glatt rühren. Die Eier unterrühren. Mehl sieben und abwechselnd mit den Mandeln und der geschlagenen Sahne dem Teig zufügen. Die gewürfelten Marillen in etwas Mehl wenden und unter den Teig mischen, pürierte Marillen dazugeben und alles gut verrühren.

4 Teig in die Gugelhupfformen füllen und im vorgeheizten Backofen im unteren Drittel ca. 14 Minuten backen. Anschließend aus dem Ofen nehmen, abkühlen lassen und herauslösen.

**Tipp** **Ist die Marille eine Aprikose? Naturwissenschaftler würden ja sagen, Feinschmecker sagen nein. Denn die Marille ist kleiner und deshalb feiner als die Aprikose, ihre Saison leider nur kurz: Sie beginnt im Mai und endet im August. Außerhalb dieser Zeit ist ihr großer Verwandter, die Aprikose, eine gute Alternative.**

# Gugl Honig-Pfirsich

Die Liebe zum Gugl ist grenzenlos: zumindest für Tobias aus New York. Wenn er in Deutschland ist, besucht er die »Heimat der Gugl« – den magischen Ort mitten in München, wo Gugl-Freunde feiern, backen und genießen. Unser Backkurs hat ihn die Gugl-Kunst gelehrt.

1 Die Zutaten vor der Zubereitung auf Zimmertemperatur bringen. Gugelhupfformen einfetten und mit Mehl bestäuben. Backofen auf 210 °C Ober-/Unterhitze vorheizen.

2 Erhitzte Butter mit dem gesiebten Puderzucker, dem Ahornhonig, dem Vanillemark und dem Rum glatt rühren. Die Eier einzeln unterrühren.

3 Mehl sieben und mit den geriebenen Mandeln vermischen. Die Hälfte der Pfirsiche waschen, halbieren, entsteinen, pürieren und mit dem Teig verrühren, bis er schön weich ist. Die andere Hälfte in feine Würfel schneiden und in den Teig rühren.

4 Teig in die Gugelhupfformen füllen und im vorgeheizten Backofen im unteren Drittel ca. 13 Minuten backen. Anschließend aus dem Ofen nehmen, abkühlen lassen und herauslösen.

**Tipps** **Wer gerne auf Fruchtstücke beißt, kann auch die andere Hälfte der Pfirsiche klein geschnitten beimengen.**
**Anstatt Weizenmehl können Sie auch Dinkelmehl verwenden; das allerdings dürfen Sie nicht zu sehr kneten, da es etwas empfindlicher ist.**

Dieses Rezept finden Sie auf Seite 2 abgebildet.

**Für 18 Gugl**

20 g Butter und Mehl für die Formen
70 g Butter
30 g Puderzucker
30 g Ahornhonig
Mark von 1 Vanilleschote
1 EL Rum
100 g Eier (2 mittelgroße)
50 g Mehl
30 g geriebene Mandeln
70 g frische reife Pfirsiche

**Zubereitungszeit**
**30 Minuten plus Backzeit**

# Gugl Brombeere-Frischkäse

Sie arbeitet in der »Heimat der Gugl« und wenn sie nicht gerade für die Kunden da ist, backt unser »tough cookie« Julia in unserer Backstube ihren ganz persönlichen Lieblings-Gugl mit Frischkäse.

**Für 18 Gugl**

- 20 g Butter und Mehl für die Formen
- 80 g Brombeeren
- 15 ml Cassis (Schwarzer Johannisbeerlikör)
- 100 g Doppelrahmfrischkäse
- 30 g Sauerrahm
- 50 g Ei (1 mittelgroßes)
- 15 g Puderzucker
- 2 g Backpulver
- 6 g Speisestärke
- 65 g Mehl

Extrazubehör: Stabmixer

**Zubereitungszeit**
**Marinierzeit für die Beeren über Nacht; 20 Minuten plus Backzeit**

1 Die Zutaten vor der Zubereitung auf Zimmertemperatur bringen. Gugelhupfformen einfetten und mit Mehl bestäuben. Backofen auf 210 °C Ober-/Unterhitze vorheizen.

2 Brombeeren waschen und mit Cassis aufkochen lassen. Für mehr Aroma über Nacht ziehen lassen. Mit dem Stabmixer leicht pürieren.

3 Frischkäse, Sauerrahm, Ei, Puderzucker, Backpulver und Stärke cremig schlagen. Mehl sieben und nach und nach zugeben. Brombeer-Cassis-Püree unterheben.

4 Teig in die Gugelhupfformen füllen und im vorgeheizten Backofen im unteren Drittel ca. 13 Minuten backen. Anschließend aus dem Ofen nehmen, abkühlen lassen und herauslösen.

**Tipp** Zum Einfetten der Form etwas Butter zerlassen und die Gugelhupfformen mit einem Pinsel ausstreichen. Anschließend mit etwas Mehl bestäuben. Die eingefettete und mehlierte Backform kann vor dem Einfüllen des Teiges für einige Minuten ins Tiefkühlfach gestellt werden, dann lassen sich die Gugl später noch leichter aus der Form lösen. Die Gugl nur kurz abkühlen lassen und noch lauwarm herauslösen.

# Gugl Kirsche-Pistazie

Nina hat ein eigenes Café in Salzburg. Sie liebt unsere pikanten Gugl, hat uns aber trotzdem das Rezept für diesen süßen Gugl geschickt.

1 Die Zutaten vor der Zubereitung auf Zimmertemperatur bringen. Gugelhupfformen einfetten und mit Mehl bestäuben. Backofen auf 210 °C Ober-/Unterhitze vorheizen.

2 Herzkirschen waschen, entsteinen und in kleine Stückchen schneiden. Vanilleschote längs halbieren und das Mark herauskratzen. Flüssige Butter mit gesiebtem Puderzucker und der Vanille glatt rühren. Die Eier einzeln unterrühren. Orangenabrieb und das Kirschwasser zugeben.

3 Crème fraîche, die Herzkirschenstückchen und Pistazien unterrühren. Das gesiebte Mehl unter den Teig mischen.

4 Teig in die Gugelhupfformen füllen und im vorgeheizten Backofen im unteren Drittel ca. 12 Minuten backen. Anschließend aus dem Ofen nehmen, abkühlen lassen und herauslösen.

**Tipp** **Wenn Sie kein Kirschwasser zu Hause haben, können Sie stattdessen Rum nehmen. In jedem Fall schmeckt dazu die Marzipancreme von Seite 52.**

**Für 18 Gugl**

- 20 g Butter und Mehl für die Formen
- 70 g frische Herzkirschen
- 1 Vanilleschote
- 50 g Butter
- 30 g Puderzucker
- 100 g Eier (2 mittelgroße)
- abgeriebene Schale von ½ unbehandelten Orange
- 1 EL Kirschwasser
- 50 g Crème fraîche
- 35 g gehackte Pistazien
- 50 g Mehl

**Zubereitungszeit**
**35 Minuten plus Backzeit**

# Die Zeit der Aromen

Wenn langsam der Sommer geht, kommt unsere Lust auf warme Aromen. Schmelzende Schokolade, knackige Nüsse und zart-bitteres Karamell, das passt zu den kühlen Herbsttagen und zu stiebenden Blättern. Später, wenn es dann Winter und somit klirrend kalt wird, dann passen die orientalischen Essenzen zum heißen Tee und zur roten Nase. Im Folgenden erfahren Sie, wie die kräftigen Aromen in den Gugl kommen und wie er sogar unter dem Weihnachtsbaum eine gute Figur macht.

# Gugl Zwetschge-Karamell

Dass Evelyn aus Hamburg ein Gugl-Freund ist, freut mich sehr, denn auf ihren feinen Geschmack kann man sich verlassen. »Nimm dieses Rezept in deine Gugl-Kollektion auf«, sagt sie zu Recht.

**Für 18 Gugl**

20 g Butter und Mehl für die Formen
90 g frische süße Zwetschgen
40 g Puderzucker
80 g Butter
½ Päckchen Vanillezucker
½ TL Zimtpulver
1 EL Rum
100 g Eier (2 mittelgroße)
120 g Mehl
3 EL Karamellsirup

**Zubereitungszeit**
**30 Minuten plus Backzeit**

1 Die Zutaten vor der Zubereitung auf Zimmertemperatur bringen. Gugelhupfformen einfetten und mit Mehl bestäuben. Backofen auf 210 °C Ober-/Unterhitze vorheizen.

2 Gewaschene Zwetschgen halbieren, entsteinen und in kleine Stücke schneiden. Beiseitestellen. Puderzucker sieben. Die zimmerwarme Butter mit Puderzucker, Vanillezucker, Zimt und Rum schaumig rühren. Die Eier trennen (Eiweiß behalten!) und die Eigelbe in die Buttercreme einrühren. Mehl sieben, zugeben. Die Zwetschgenstückchen in den Teig rühren. Das Eiweiß zu Schnee schlagen und unterheben.

3 Gugelhupfformen nur bis zur Hälfte mit Teig befüllen (am besten eindressieren), dann den flüssigen Karamellsirup langsam in die Förmchen gießen und mit einer Gabel durchziehen. Den restlichen Teig in die Förmchen verteilen und im vorgeheizten Backofen im unteren Drittel ca. 12 Minuten backen.

**Tipp** **Flüssiges Karamell kann man selbstverständlich beim Händler kaufen. Aber man kann es auch selbst machen: 250 Gramm Zucker im Topf erhitzen und dabei beständig rühren, da der Zucker sehr plötzlich flüssig wird. Wenn er flüssig ist und nach Geschmack mehr oder weniger braun, mit 50 Gramm kochendem Wasser ablöschen. Weiterrühren, bis der Zucker völlig aufgelöst ist und das Karamell die gewünschte Konsistenz hat.**

Dieses Rezept finden Sie auf Seite 22 abgebildet.

# Gugl Möhre-Nuss

Constanze aus Bayreuth ist Studentin, liebt Gugl und ist eine unserer besten Kundinnen. Eines Tages hat sie angefangen, unsere Gugl zu studieren und schließlich selbst welche zu backen. Ganz nach ihrem Geschmack und mit Auszeichnung.

1 Die Zutaten vor der Zubereitung auf Zimmertemperatur bringen. Gugelhupfformen einfetten und mit Mehl bestäuben. Backofen auf 210 °C Ober-/Unterhitze vorheizen.

2 Möhren schälen, putzen und fein reiben. Eier trennen, Eiweiß zu Schnee schlagen. Puderzucker sieben und mit Vanillezucker, Rum, Zimt, Nelkenpulver, Zitronenabrieb und den Eigelben schaumig rühren.

3 Mehl sieben und mit den Haselnüssen vermengen. Beides mit den geriebenen Möhren verrühren und zur Teigmischung geben. Zuletzt den Eischnee unterheben.

4 Teig in die Gugelhupfformen füllen und im vorgeheizten Backofen im unteren Drittel ca. 12 Minuten backen. Anschließend aus dem Ofen nehmen, abkühlen lassen und herauslösen.

**Tipp** **Ob weiß, hellbraun oder dunkel – alle Gugl hüllen sich im Herbst und Winter gerne in einen Schokoladenmantel und überraschen sinnlich beim Ausziehen. 100 Gramm Schokoglasur in einem Wasserbad erwärmen. Die Gugl mit einer Gabel vorsichtig in Schokolade eintauchen. Ein Gugl im Mantel hält übrigens auch länger frisch. Ob das an den fehlenden Sonnenbädern liegt?**

Dieses Rezept finden Sie auf Seite 22 abgebildet.

**Für 24 Gugl**

20 g Butter und Mehl für die Formen

70 g frische Möhren

100 g Eier (2 mittelgroße)

20 g Puderzucker

½ Päckchen Vanillezucker

1 EL Rum

1 TL Zimtpulver

1 Messerspitze Nelkenpulver

abgeriebene Schale von ½ unbehandelten Zitrone

35 g Mehl

70 g gemahlene Haselnüsse

**Extrazubehör:** Reibe

**Zubereitungszeit**
**40 Minuten plus Backzeit**

# Gugl Schoko-Ingwer-Orange

Gibt es eigentlich einen Menschen, der Schokolade nicht mag? Eine rhetorische Frage, sehr wahrscheinlich ist die globale Antwort: nein. Denise aus Feldafing jedenfalls ist eine Schokoladennaschkatze.

**Für 18 Gugl**

20 g Butter und Mehl für die Formen
100 g Butter
15 g Marzipanrohmasse
50 g Puderzucker
abgeriebene Schale von ½ unbehandelten Orange
1 EL Grand Marnier
100 g Eier (2 mittelgroße)
70 g gemahlene Haselnüsse
Butter zum Anrösten
4 g frischer Ingwer
10 g Kartoffelstärke
20 g Mehl
25 g Kakaopulver
**Extrazubehör:** Reibe

**Zubereitungszeit**
**30 Minuten plus Backzeit**

1 Die Zutaten vor der Zubereitung auf Zimmertemperatur bringen. Gugelhupfformen einfetten und mit Mehl bestäuben. Backofen auf 210 °C Ober-/Unterhitze vorheizen.

2 Butter mit Marzipan erhitzen und mit dem gesiebten Puderzucker, dem Abrieb der unbehandelten Orange und Grand Marnier zu einer schaumigen Masse verrühren. Die Eier einzeln unterrühren, bis die Masse homogen ist.

3 Die Nüsse in wenig Butter vorsichtig anrösten und dem Teig zugeben. Dann Ingwer schälen und fein reiben. Die restlichen Zutaten – Kartoffelstärke, Mehl und Kakao – vermischen, mit dem Ingwer verrühren und anschließend unter die Masse heben.

4 Teig in die Gugelhupfformen füllen und im vorgeheizten Backofen im unteren Drittel ca. 13 Minuten backen. Anschließend aus dem Ofen nehmen, abkühlen lassen und herauslösen.

**Tipps** **Zur Orangenschale: auf die Farbe achten und nur die orange Schale, keinesfalls das Weiße abreiben – weil das nicht schmeckt.**
**Zum Verrühren von Fett und Eiern: weder zu kurz (der Teig bleibt grießig, wird nach dem Backen bröselig) und nicht zu lang (der Teig wird zu kompakt) rühren.**

# Gugl Himbeer-Kokos

In Salzburg liebt man Gugl, denn auch die Österreicher sind der Meinung, der Gugelhupf wurde dort erfunden. Christian ist ein echter Hamburger, der in Österreich lebt und sich dort mit seinen Gugl-Rezepten viele Freunde macht.

1. Die Zutaten vor der Zubereitung auf Zimmertemperatur bringen. Gugelhupfformen einfetten und mit Mehl bestäuben. Backofen auf 210 °C Ober-/Unterhitze vorheizen.

2. Butter mit Marzipan langsam erhitzen, mit gesiebtem Puderzucker, dem Vanillemark und dem Rum glatt rühren. Die Eier einzeln unterrühren. Mehl sieben, abwechselnd Mandeln darunter mischen und Kokosmilch unter die Masse mengen.

3. Kokosraspeln kurz und bei geringer Temperatur in der Pfanne mit wenig Butter rösten. Die gerösteten Kokosraspeln unter die Masse mischen, frische Himbeeren leicht pürieren und unterheben.

4. Teig in die Gugelhupfformen füllen und im vorgeheizten Backofen im unteren Drittel ca. 13 Minuten backen. Anschließend aus dem Ofen nehmen, abkühlen lassen und herauslösen.

**Tipp** **Anstelle von Himbeeren können Sie auch eine Mango nehmen – idealerweise eine wilde Mango, weil sie kleiner und viel aromatischer ist. Schälen, in kleine Stückchen schneiden und als Letztes unter die Masse heben.**

## Für 18 Gugl

20 g Butter und Mehl für die Formen
45 g Butter
35 g Marzipanrohmasse
30 g Puderzucker
Mark von ½ Vanilleschote
1 TL Rum
100 g Eier (2 mittelgroße)
40 g Mehl
20 g gemahlene Mandeln
35 ml Kokosmilch
50 g Kokosraspeln
Butter zum Anrösten
50 g frische Himbeeren
**Extrazubehör:** Stabmixer

**Zubereitungszeit**
**25 Minuten plus Backzeit**

# Gugl Kürbis-Birne

Lars ist ein Experte und Allroundtalent, was Ernährung angeht, und er hat eine Zeit lang in der »Heimat der Gugl« gearbeitet. Dort half er uns, den Gugl zum Erfolg zu machen – u. a. mit seinen tollen Rezeptideen. Eine hat er uns allerdings bislang verheimlicht …

**Für 18 Gugl**

20 g Butter und Mehl für die Formen
85 g Kürbis (Hokkaido)
70 g Birnen
45 g Butter
30 g Puderzucker
100 g Eier (2 mittelgroße)
25 g Marzipanrohmasse
2 g Zimtpulver
1 Prise Salz
30 g Mehl

**Zubereitungszeit**
**30 Minuten plus Backzeit**

1 Die Zutaten vor der Zubereitung auf Zimmertemperatur bringen. Gugelhupfformen einfetten und mit Mehl bestäuben. Backofen auf 210 °C Ober-/Unterhitze vorheizen.

2 Kürbis und Birnen in feine, kleine Stückchen schneiden. Butter zerlassen und mit gesiebtem Puderzucker verrühren. Eier einzeln gut unterrühren. Marzipan klein würfeln und mit dem Kürbis, den Birnen, Zimt und Salz unterrühren. Mehl sieben und kurz mit dem Teig verrühren.

3 Teig in die Gugelhupfformen füllen und im vorgeheizten Backofen im unteren Drittel ca. 12 Minuten backen. Anschließend aus dem Ofen nehmen, abkühlen lassen und herauslösen.

**Tipps** Gugl Kürbis-Birne wird zur unwiderstehlichen Versuchung mit Pfefferschaum: Sie finden das Rezept auf Seite 62. Kürbis-Birne-Pfefferschaum – das schmeckt nach dem kleinsten Erntedankfest aller Zeiten.
Hokkaido-Kürbis verwenden. Er muss nämlich nicht geschält werden, da seine dünne Schale beim Kochen so weich wird, dass man sie mitessen kann. Außerdem hat er einen sehr feinen, leicht nussigen Geschmack und harmoniert wunderbar mit der Birne.

# Gugl Schokolade-Feige

Mein Freund Dirk aus Hamburg ist Konditormeister. Und er ist ein Schatz, denn er verrät mir seine Tipps und Tricks.

Die Zutaten vor der Zubereitung auf Zimmertemperatur bringen. Gugelhupfformen einfetten und mit Mehl bestäuben. Backofen auf 210 °C Ober-/Unterhitze vorheizen.

Getrocknete Feigen fein hacken. Butter zerlassen und mit gesiebtem Puderzucker, Zitronenabrieb, Zitronensaft, Salz und Rum verrühren. Das Ei dazugeben. Mehl, Weizenstärke und Kakao zusammen sieben und in den Teig rühren. Die Kuvertüre im warmen (nicht kochenden!) Wasserbad flüssig werden lassen. Zusammen mit den gehackten Feigen unter den Teig heben.

Teig in die Gugelhupfformen füllen und im vorgeheizten Backofen im unteren Drittel ca. 9 Minuten backen. Anschließend aus dem Ofen nehmen, abkühlen lassen und herauslösen.

**Tipp** **Statt dunkler Kuvertüre können Sie auch weiße Kuvertüre nehmen. Wenn Sie zusätzlich 100 Gramm Kuvertüre im Wasserbad auflösen und die abgekühlten Gugl eintauchen, verführt Sie ein weißer Schnee-Gugl.**

Dieses Rezept finden Sie auf Seite 2 abgebildet.

**Für 18 Gugl**

- 20 g Butter und Mehl für die Formen
- 100 g getrocknete Feigen
- 50 g Butter
- 50 g Puderzucker
- abgeriebene Schale von ½ unbehandelten Zitrone
- 1 TL Zitronensaft
- 1 Prise Salz
- 1 TL Rum
- 50 g Ei (1 mittelgroßes)
- 15 g Mehl
- 50 g Weizenstärke
- 5 g Kakaopulver
- 50 g dunkle Kuvertüre

**Zubereitungszeit**
**20 Minuten plus Backzeit**

# Weihnachts-Schoko-Gugl

Sie ist unsere beste Gugl-Botschafterin in der Schweiz: Nina. Eine Expertin für das kleine Glück. Und deshalb weiß sie auch, was wahre Gourmets glücklich macht.

**Für 18 Gugl**

20 g Butter und Mehl für die Formen
50 g Ei (1 mittelgroßes)
70 g Butter
50 g Puderzucker
1 Messerspitze Meersalz
15 g Butter zum Anrösten
45 g geschälte Mandeln
15 g Orangeat
25 g Rosinen
60 g Mehl
8 g Weizenstärke

**Für die Glasur**

150 g dunkle Kuvertüre (70 %)
1 EL Orangensaft
1 EL Orangenschale
½ TL Zitronensaft
Extrazubehör: Mixer

**Zubereitungszeit**
**30 Minuten plus Backzeit**

1 Die Zutaten vor der Zubereitung auf Zimmertemperatur bringen. Gugelhupfformen einfetten und mit Mehl bestäuben. Backofen auf 210 °C Ober-/Unterhitze vorheizen.

2 Das Ei trennen. Eiweiß zu Schnee schlagen. Weiche Butter schaumig rühren. Gesiebten Puderzucker dazugeben, danach das Eigelb und rühren, bis eine feste Creme entsteht. Meersalz unterrühren. Butter erhitzen. Die geschälten Mandeln fein hacken, in der Butter goldgelb rösten und in den Teig rühren. Orangeat und Rosinen klein schneiden und dazugeben. Mehl mit Weizenstärke sieben und abwechselnd mit dem Eischnee mit der Masse verrühren.

3 Teig in die Gugelhupfformen füllen und im vorgeheizten Backofen im unteren Drittel ca. 16 Minuten backen. Anschließend aus dem Ofen nehmen, abkühlen lassen und herauslösen.

4 Kuvertüre im warmen Wasserbad schmelzen. Orangensaft, -schale und Zitronensaft einrühren. Gugl vorsichtig eintauchen.

**Tipp** **Wer kein Orangeat mag, kann es durch getrocknete Cranberrys ersetzen. Cranberrys enthalten viel Vitamin C.**

Gugl
Honig-Mandel

# Gugl Honig-Mandel

Sara wollte schon lange, dass wir einen Honig-Gugl ins Sortiment aufnehmen. Ungeduldig, wie sie ist, hat sie sich ihren Traum selbst erfüllt.

Die Zutaten vor der Zubereitung auf Zimmertemperatur bringen. Gugelhupfformen einfetten und mit Mehl bestäuben. Backofen auf 210 °C Ober-/Unterhitze vorheizen.

Die zimmerwarme Butter mit dem Zucker verrühren. Die Eier einzeln gut unterrühren, das Ganze mit Weizengrieß und Mehl nacheinander glattrühren. Zimt und Nelkenpulver (und wer mag: 1 Teelöffel Rum) dazugeben und vermengen. Mandeln in einer Pfanne in etwas Butter goldgelb anrösten. Zusammen mit dem Honig dem Teig zugeben und alles vermengen.

Teig in die Gugelhupfformen füllen und im vorgeheizten Backofen im unteren Drittel ca. 12 Minuten backen. Anschließend aus dem Ofen nehmen, abkühlen lassen und herauslösen.

**Tipp** **Weihnachtlich wird der Honig-Mandel-Gugl mit zwei Messerspitzen Lebkuchen- oder Glühweingewürz. Dann bitte Zimt, Nelkenpulver und Anis weglassen. Wie auch immer Sie ihn würzen, er wird zum leckeren Dessert mit einer Marzipancreme oder mit glasierten Beaujolais-Pflaumen (siehe Seite 52 und 58).**

## Für 18 Gugl

- 20 g Butter und Mehl für die Formen
- 50 g Butter
- 50 g Zucker
- 80 g Eier (2 kleine)
- 55 g Weizengrieß
- 15 g Mehl
- 1 Messerspitze Zimtpulver
- 1 Messerspitze Nelkenpulver
- 30 g geschälte und gehackte Mandeln
- Butter zum Anrösten
- 50 g Honig

**Zubereitungszeit**
**75 Minuten plus Backzeit**

maurice Décamps

# Die klassische Phase

Die Klassiker der Kuchenkultur, die wir alle seit unserer Kindheit kennen und lieben, werden mit Schokolade, Mohn, Vanille, Zitrone oder Honig gemacht. Selbstverständlich verzichten wir hier nicht auf die Klassiker. Das Schöne: Sie haben immer Saison, das ganze Jahr über bieten sie einen Genuss, der über Generationen hinweg immer weiter verfeinert wurde. In diesem Sinne haben auch unsere Klassiker ein paar Finessen und Feinheiten, die ihren Geschmack um die entscheidende Nuance verbessern.

# Gugl Eierlikör-Mandel

Wenn Sie bei uns einen Backkurs buchen, ist die Wahrscheinlichkeit groß, dass Sie Max treffen. Max ist Konditor, und in seiner Backstube durften wir in den Anfängen des Gugl als Untermieter backen. Danke dafür auch an seinen netten Chef, Günter Asemann.

**Für 18 Gugl**

20 g Butter und Mehl für die Formen

½ unbehandelte Zitrone

½ unbehandelte Orange

75 g geriebene, geschälte Mandeln

Butter und Puderzucker zum Karamellisieren

100 g Butter

60 g Marzipanrohmasse

50 g Puderzucker

150 g Eier (3 mittelgroße)

45 g Mehl

100 ml Eierlikör

**Extrazubehör:** Reibe

**Zubereitungszeit 30 Minuten plus Backzeit**

1 Die Zutaten vor der Zubereitung auf Zimmertemperatur bringen. Gugelhupfformen einfetten und mit Mehl bestäuben. Backofen auf 210 °C Ober-/Unterhitze vorheizen.

2 Die Schalen von Zitronen- und Orangenhälfte abreiben (weißen Teil nicht mitreiben, wird sonst bitter). 25 Gramm Mandeln in einer Pfanne mit etwas Butter und Puderzucker bei geringer Temperatur goldbraun karamellisieren und abkühlen lassen.

3 Butter und Marzipan langsam erhitzen und mit gesiebtem Puderzucker glatt rühren. Eier, 50 Gramm geriebene Mandeln, Zitronen- und Orangenabrieb und gesiebtes Mehl vermengen, zur Marzipanmasse geben. Eierlikör zum Teig geben und rühren, bis die Masse schön glatt ist. Die karamellisierten Mandeln unter den Teig heben.

4 Teig in die Gugelhupfformen füllen und im vorgeheizten Backofen im unteren Drittel ca. 11 Minuten backen. Anschließend aus dem Ofen nehmen, abkühlen lassen und herauslösen.

**Tipp** **Eierlikör ist nicht gleich Eierlikör. Wenn Sie keinen Zugriff haben auf Eierlikör aus einer kleinen, feinen Manufaktur, dann machen Sie ihn doch einfach selbst. Das Rezept hierzu finden Sie auf Seite 57.**

Dieses Rezept finden Sie auf Seite 36 abgebildet.

# Dreimal Gugl Schokolade

Sabine aus Dresden ist die beste Köchin, die ich kenne. Manchmal backt sie auch. Und hilft uns, wenn es wieder mal heiß wird in der Backstube, weil alle vom kleinen Glück naschen wollen.

Die Zutaten vor der Zubereitung auf Zimmertemperatur bringen. Gugelhupfformen einfetten und mit Mehl bestäuben. Backofen auf 210 °C Ober-/Unterhitze vorheizen.

Die Schale der halben Zitrone abreiben (weißen Teil nicht mitreiben, wird sonst bitter). Weiße, dunkle und Vollmilchkuvertüre fein hacken. Butter, gesiebten Puderzucker, Salz, Rum und Zitronenabrieb verrühren. Das Ei dazugeben. Mehl, Weizengrieß und Kakao zusammen sieben und in den Teig rühren. Anschließend die gehackten Kuvertüren unter den Teig heben.

Teig in die Gugelhupfformen füllen und im vorgeheizten Backofen im unteren Drittel ca. 12 Minuten backen. Anschließend aus dem Ofen nehmen, abkühlen lassen und herauslösen.

**Tipp** Schmeckt auch sehr fein mit Rumrosinen. Dafür legen Sie 30 Gramm Rosinen in 30 Milliliter Rum über Nacht ein, schneiden sie klein und geben sie anstelle des Rums hinzu. Die Gugl dann 1 Minute länger backen.

Dieses Rezept finden Sie auf Seite 36 abgebildet.

### Für 18 Gugl

20 g Butter und Mehl für die Formen
½ unbehandelte Zitrone
30 g weiße Kuvertüre
20 g dunkle Kuvertüre (70 %)
10 g Vollmilchkuvertüre
50 g Butter
50 g Puderzucker
2 Prisen Salz
1 TL Rum
50 g Ei (1 mittelgroßes)
15 g Mehl
60 g Weichweizengrieß
5 g Kakaopulver

**Zubereitungszeit**
**20 Minuten plus Backzeit**

# Gugl Mohn-Vanille

Eva ist nach Mexiko ausgewandert und hat dort ein Problem: Unser Bestellservice liefert nicht dorthin. Deshalb entwickelt sie fleißig eigene Gugl-Rezepte und manchmal teilt sie die auch mit uns.

**Für 18 Gugl**

20 g Butter und Mehl für die Formen
½ unbehandelte Zitrone
1 Vanilleschote
80 g Butter
65 g Puderzucker
2 TL Rum
1 EL Zitronensaft
2 Prisen Salz
100 g Eier (2 mittelgroße)
30 g Mehl
65 g Weichweizengrieß
20 g Dampfmohn
**Extrazubehör:** Reibe

**Zubereitungszeit**
**25 Minuten plus Backzeit**

1 Die Zutaten vor der Zubereitung auf Zimmertemperatur bringen. Gugelhupfformen einfetten und mit Mehl bestäuben. Backofen auf 210 °C Ober-/Unterhitze vorheizen.

2 Die Schale der halben Zitrone abreiben (weißen Teil nicht mitreiben, wird sonst bitter). Die Vanilleschote längs halbieren und das Mark herauskratzen. Butter und gesiebten Puderzucker erhitzen, mit Rum, Zitronenabrieb, Zitronensaft, Vanillemark und Salz verrühren. Die Eier dazugeben. Mehl und Weizengrieß zusammen sieben und in den Teig rühren. Anschließend den Dampfmohn unterheben.

3 Teig in die Gugelhupfformen bis zum Rand füllen, weil er kaum aufgeht. Im vorgeheizten Backofen im unteren Drittel ca. 14 Minuten backen. Anschließend aus dem Ofen nehmen, abkühlen lassen und herauslösen.

**Tipp** Mit Vanillesauce wird es noch feiner – dafür 350 Milliliter Milch, 50 Gramm Zucker und 1 Päckchen Vanillezucker aufkochen. 125 Gramm Sahne und 1 Esslöffel Vanillepuddingpulver, 1 Eigelb und 1 Esslöffel Rum vermischen und in die kochende Milch einrühren.

WEYLUX

# Gugl Haselnuss

Valeska treffen Sie fast jeden Samstag am kleinen Laster, unserer rollenden Patisserie in München (wie, wann, wo steht immer aktuell auf unserer Webseite) – dort verkauft sie unsere Gugl. Diesen Gugl hat sie für Andreas gebacken, der nur Haselnuss mag.

**Für 18 Gugl**

20 g Butter und Mehl für die Formen
Butter zum Anrösten
80 g geriebene Haselnüsse
50 g Ei (1 mittelgroßes)
80 g Mehl
60 g Puderzucker
80 g Butter
25 g Kakaopulver

**Zubereitungszeit**
**15 Minuten plus Backzeit**

1 Die Zutaten vor der Zubereitung auf Zimmertemperatur bringen. Gugelhupfformen einfetten und mit Mehl bestäuben. Backofen auf 210 °C Ober-/Unterhitze vorheizen.

2 Ein wenig Butter in einer Pfanne zerlassen, Haselnüsse darin rösten. Das Ei schaumig rühren. Mehl und Puderzucker sieben, Butter, Kakao und Haselnüsse dazugeben und alles glatt rühren.

3 Teig in die Gugelhupfformen füllen und im vorgeheizten Backofen im unteren Drittel ca. 14 Minuten backen. Anschließend aus dem Ofen nehmen, abkühlen lassen und herauslösen.

**Tipp** **Toll mit warmer Zabaione: 3 ganze Eier und 3 Eigelbe in einer Schüssel im heißen Wasserbad schaumig schlagen. Nach und nach 40 Gramm Zucker und 150 Milliliter Marsala unterrühren. Nach Belieben mit Zitronensaft abschmecken. Achtung: Das Wasser darf nicht sieden, sonst gelingt die Creme nicht. Aber wenn sie gelingt, dann ist sie himmlisch!**

# Gugl Äpfel-Zitrone

Steffen aus Leipzig betreut unseren Onlineshop und sorgt dafür, dass alles frisch und schnell verschickt wird. Sein Bruder ist Konditor. Daher kommt es wahrscheinlich, dass er sich für Gugl besonders engagiert. Er hat sogar diesen wunderbaren Gugl entwickelt.

Die Zutaten vor der Zubereitung auf Zimmertemperatur bringen. Gugelhupfformen einfetten und mit Mehl bestäuben. Backofen auf 210 °C Ober-/Unterhitze vorheizen.

Ei, gesiebten Puderzucker, Butter und Salz schaumig schlagen. Mehl sieben und langsam unterrühren. Milch zum Schluss unterrühren.

Die Schale der halben Zitrone abreiben (weißen Teil nicht mitreiben, wird sonst bitter). Äpfel waschen, in kleine Würfel schneiden. Mandelsplitter zerhacken. Alles zusammen unter den Teig heben.

Teig in die Gugelhupfformen füllen und im vorgeheizten Backofen im unteren Drittel ca. 12 Minuten backen. Anschließend aus dem Ofen nehmen, abkühlen lassen und herauslösen.

**Tipp** **Wie für einen Apfelkuchen gilt auch hier: säuerliche Äpfel verwenden. Und für das Reiben sollten Sie die feinste Reibe wählen: Der Geschmack wird intensiver.**

Dieses Rezept finden Sie auf Seite 2 abgebildet.

**Für 18 Gugl**

20 g Butter und Mehl für die Formen

50 g Ei (1 mittelgroßes)

50 g Puderzucker

50 g Butter

1 Prise Salz

100 g Mehl

50 ml Milch

½ unbehandelte Zitrone

100 g Äpfel

25 g Mandelsplitter

**Extrazubehör:** Reibe

**Zubereitungszeit**
**20 Minuten plus Backzeit**

# Gugl Rotwein-Schokolade

Cari ist eingetragener Fan auf der Gugl-Facebook-Fanseite. Als wir dort nach den besten neuen Rezepten gesucht haben, hat sie sich mit diesem Meisterwerk gemeldet.

**Für 18 Gugl**

20 g Butter und Mehl für die Formen
60 g Butter
60 g Puderzucker
50 g Ei (1 mittelgroßes)
35 g dunkle Kuvertüre
30 ml kräftiger Rotwein, lauwarm
4 g Zimtpulver
80 g Mehl
5 g Kakaopulver
**Extrazubehör:** Korkenzieher

**Zubereitungszeit**
**20 Minuten plus Backzeit**

1 Die Zutaten vor der Zubereitung auf Zimmertemperatur bringen. Gugelhupfformen einfetten und mit Mehl bestäuben. Backofen auf 210 °C Ober-/Unterhitze vorheizen.

2 Die zerlassene Butter mit gesiebtem Puderzucker glatt rühren. Das Ei dazugeben. Kuvertüre im warmen Wasserbad schmelzen und unterrühren. Den lauwarmen Rotwein und den Zimt in die Masse mischen. Mehl und Kakao zusammen sieben und unter die Masse heben.

3 Teig in die Gugelhupfformen füllen und im vorgeheizten Backofen im unteren Drittel ca. 11 Minuten backen. Anschließend aus dem Ofen nehmen, abkühlen lassen und herauslösen.

**Tipps** Zu diesem Gugl schmeckt am besten der Rotwein, den Sie beim Backen verwendet haben. Als Variation beim Backen empfehlen sich auch eine Spätlese oder ein Eiswein.
Je kakaohaltiger die Kuvertüre, desto kräftiger sollte der Rotwein sein, damit der Geschmack nicht untergeht. In der kalten Jahreszeit passen auch Punsch oder Glühwein gut als Alternative.

# Knusper-Gugl

Stephanie hat uns mit ihrem Rezept zum Grübeln gebracht. Denn wir waren unsicher, ob wir den Markennamen der Bonbons nennen sollen. Wir haben andere ausprobiert und können nun sicher sagen: Es knuspert sich mit diesen Bonbons am besten.

**Für 18 Gugl**

20 g Butter und Mehl für die Formen
50 g Ei (1 mittelgroßes)
70 g Butter
60 g Puderzucker
35 ml Eierlikör
80 g Mehl
1 Prise Salz
40 g Daim-Bonbons

**Zubereitungszeit**
**15 Minuten plus Backzeit**

1 Die Zutaten vor der Zubereitung auf Zimmertemperatur bringen. Gugelhupfformen einfetten und mit Mehl bestäuben. Backofen auf 210 °C Ober-/Unterhitze vorheizen.

2 Ei trennen und Eiweiß schaumig schlagen. Kalt stellen. Butter und gesiebten Puderzucker erhitzen. Eigelb mit Eierlikör vermischen und unterrühren. Mehl sieben und mit dem Salz sukzessive einrühren. Bonbons klein hacken, dazugeben. Den Eischnee unterheben.

3 Teig in die Gugelhupfformen füllen und im vorgeheizten Backofen im unteren Drittel ca. 13 Minuten backen. Anschließend aus dem Ofen nehmen, abkühlen lassen und herauslösen.

**Tipps** Arbeit lohnt sich doch: Je mehr man Eiweiß schlägt, umso fluffiger wird der Gugl – und das gilt immer und für jeden Gugl. Aber nicht vergessen, zwischendurch kalt zu stellen, sonst fällt das Eiweiß wieder zusammen.
Ganz fleißige Bienchen machen den Eierlikör selbst (siehe Seite 57).

# Käse-Gugl

Dieses Rezept ist von meiner Mama und schon deshalb eines meiner liebsten. Kleiner Wermutstropfen: Der Käse-Gugl schmeckt nur ganz frisch, und deshalb kann ich ihn nicht zum Versand anbieten.

1 Die Zutaten vor der Zubereitung auf Zimmertemperatur bringen. Gugelhupfformen einfetten und mit Mehl bestäuben. Backofen auf 210 °C Ober-/Unterhitze vorheizen.

2 Ei trennen. Eiweiß richtig schön steif schlagen und kalt stellen. Quark mit Sonnenblumenöl, Eigelb und Zitronenabrieb cremig schlagen. Grieß langsam unterheben. Puderzucker und Puddingpulver langsam dazugeben. Zum Schluss Eiweiß vorsichtig unterheben.

3 Teig in die Gugelhupfformen füllen. Der Käse-Gugl geht stark auf, also nicht zu viel einfüllen. Im vorgeheizten Backofen ca. 14 Minuten im oberen Drittel des Ofens backen. Anschließend aus dem Ofen nehmen, abkühlen lassen und herauslösen.

**Tipp** **In New York isst man Cheese Cake gerne mit frischen Erdbeeren. Das schmeckt natürlich auch als New York Cheese-Gugl.**

### Für 18 Gugl

20 g Butter und Mehl für die Formen

50 g Ei (1 mittelgroßes)

250 g Magerquark

2 EL Sonnenblumenöl

1 Messerspitze Zitronenabrieb

1 EL Weizengrieß

50 g Puderzucker

25 g Vanillepuddingpulver

**Zubereitungszeit**
**10 Minuten plus Backzeit**

# Gugl hoch zwei

Der Gugl allein ist ein perfekter Genuss. Wenn er aber zum Dessert mit unseren Saucen, Cremes und Marmeladen abgeschmeckt wird, dann potenziert sich das Vergnügen. So machen Sie aus dem kleinen Glück ein wunderbares Dessert, das nicht nur ungewöhnlich gut schmeckt, sondern mit ein wenig Geschick auch enorm gut aussehen kann. Lassen Sie Ihrer Fantasie beim Anrichten freien Lauf – Sie wissen ja: Unser Kleiner ist schon von Haus aus ein Kunstwerk.

# Marzipancreme

Vroni aus Garmisch hat sich diese köstliche Mandelcreme ausgedacht, die hervorragend zu allen schokoladigen und fruchtigen Gugl passt.

**Für 6 Portionen**

1 Vanilleschote
1 unbehandelte Zitrone
100 g Milch
15 g Zucker
8 g Weizenstärke
Milch
50 g Ei (1 mittelgroßes)
100 g Marzipanrohmasse
80 g Butter

**Zubereitungszeit**
**15 Minuten**

1 Die Vanilleschote längs halbieren und das Mark herauskratzen, die Zitronenschale abreiben (nicht das Weiße erwischen!), anschließend beides mit der Milch und dem Zucker zum Kochen bringen. Weizenstärke mit etwas Milch in einem Schälchen glatt rühren, anschließend in die heiße Milch geben und abbinden. Das Ei trennen und das Eigelb in die Masse einrühren.

2 Die Creme abkühlen lassen. Marzipan zerbröseln und mit der zimmerwarmen Butter glatt rühren. Unter Rühren der Creme kurz untermischen.

**Tipp** Mit Himbeeren noch himmlischer. 300 Gramm frische oder gefrorene Himbeeren vorsichtig erhitzen, für die Bindung Kartoffelstärke in etwas Wasser auflösen und einrühren. Je nachdem, wie stark die Bindung sein soll, brauchen Sie 1 Tee- bis 1 Esslöffel Stärkemehl.

Dieses Rezept finden Sie auf Seite 50 abgebildet.

# Beerengrütze

Meine Freundin Pascal hat zwei Kinder, die für Schokoladen-Gugl mit Beerengrütze sogar aufräumen würden. Ihre Mutter liebt Gugl mindestens genauso. Deshalb hilft sie uns auch gerne, wenn einer unserer Event-Kunden Bauchladenmädchen bucht.

**Für 6 Portionen**

- 1 unbehandelte Zitrone
- 110 ml Rotwein
- 80 g Zucker
- 1 Stück Sternanis
- ½ Zimtstange
- 8 g Weizenstärke
- 300 g frische Waldbeerenmischung

**Zubereitungszeit**
**10 Minuten**

Die Zitronenschale abreiben. Rotwein mit Zucker, Sternanis und Zimtstange zum Kochen bringen, anschließend mit der Weizenstärke abbinden.

Zum Schluss die Waldbeeren untermischen. Beerengrütze kalt stellen oder warm servieren.

**Tipps** Beim Abbinden setzt die Beerengrütze schnell am Topfboden an. In schweren Fällen brennt sie sogar an. Also: lieber die Herdtemperatur ganz klein stellen.
Wer im Winter nicht auf die Beerengrütze verzichten möchte, kauft tiefgekühlte Waldbeeren. Es gilt: je bunter die Mischung, desto leckerer die Grütze! Auch sehr fein: die Beeren über Nacht in einem Likör ziehen lassen, z. B. in Brombeerlikör.

Dieses Rezept finden Sie auf Seite 50 abgebildet.

# Mascarpone-Mango-Mousse

Auf Seite 38 in diesem Buch finden Sie den Eierlikör-Mandel-Gugl. Für ihn hat sich die Künstlerin Josy aus München diese Mousse ausgedacht. Aber unter uns: Sie ist so gut, sie schmeckt natürlich auch zu anderen Gugl.

**Für 6 Portionen**

1 reife Mango
1 Blatt (2 g) Gelatine
½ Orange
½ Limette
75 g Sahne
25 g Puderzucker
75 g Mascarpone

**Zubereitungszeit**
**20 Minuten**
**plus Zeit zum Auskühlen**

1 Die Mango schälen, das Fruchtfleisch vom Stein schneiden, würfeln und im Mixer passieren. Gelatine einweichen. Die Orangen- sowie die Limettenhälfte auspressen und den Saft zusammen mit der passierten Mango erwärmen. Anschließend die eingeweichte Gelatine dazugeben und alles abbinden.

2 Die Sahne steif schlagen. Beiseitestellen. Mascarpone mit dem Puderzucker kurz glatt rühren und den lauwarmen Fruchtfond unter Rühren dazugeben. Zum Schluss die geschlagene Sahne unterheben.

**Tipps** Wählen Sie reife Früchte, sie sind das Richtige für das kleine Glück. Achten Sie jedoch bei der Mango darauf, dass sie nicht überreif ist – sie fühlt sich dann ganz weich an und schmeckt etwas zu deutlich im Konzert der Früchte.
Im Sommer schmeckt Mascarpone auch mit Erdbeeren vorzüglich. Wer diesen italienischen Klassiker im Original vernaschen möchte, mischt 1 bis 2 Esslöffel Amaretto unter die Mascarpone. Hmmmhhh!

Eierlikör

# Eierlikör

Linda aus Augsburg hat sich dieses Rezept ausgedacht. Weil sie schon immer Eierlikör geliebt und im Lauf der Zeit gelernt hat, wie der perfekte Eierlikör schmecken muss.

Die Sahne mit einem Schneebesen steif schlagen. Aber nicht zu steif, damit die spätere Gesamtmasse nicht zu fest wird.

Puderzucker sieben, mit Eigelben, Rumaroma, Vanillezucker und Korn verrühren und die Sahne unterheben.

**Tipps** Den Eierlikör im Kühlschrank aufbewahren, dann kommen Sie 1 Woche lang in den vollen Genuss. Beispielsweise in Kombination mit unserem Gugl Eierlikör-Mandel oder jeder Art von Schokoladen-Gugl. Hmmmhhh!
Meine Omi trank den Eierlikör gerne als Aperitif mit ihren Freundinnen. Dabei hat sie 2 Zentiliter Eierlikör mit 100 Milliliter Sekt gemischt. Aber auch ein kräftiger Cava (Qualitätsschaumwein aus Spanien) prickelt sehr angenehm am Gaumen.

## Für 500 Milliliter

300 g Sahne
125 g Puderzucker
4 Eigelbe
2–4 Tropfen Rumaroma
1 Päckchen Vanillezucker
75 ml Korn

**Zubereitungszeit 15 Minuten**

# Glasierte Beaujolais-Pflaumen

Tania hat ein beliebtes Café am Bodensee. Hier serviert sie unsere Gugl zum Dessert. Favorit der Gäste ist der Schokoladen-Gugl mit glasierten Beaujolais-Pflaumen.

**Für 6 Portionen**

300 g Pflaumen
25 g Zucker
20 g Butter
100 ml Beaujolais
½ Zimtstange
1 Sternanis
Weizenstärke
25 g Pflaumenmus
2 EL Zwetschgenwasser
1 EL Weinbrand

**Zubereitungszeit 25 Minuten**

1 Die Pflaumen waschen, halbieren, entsteinen und in Scheiben schneiden. Zucker mit Butter karamellisieren, die Pflaumen darin glasieren und das Ganze mit Beaujolais ablöschen. 50 Milliliter Wasser, Zimtstange und Sternanis hinzugeben und alles bei geringer Hitze köcheln lassen.

2 Nach etwa 5 Minuten mit etwas Weizenstärke abbinden. Pflaumenmus dazugeben, Zwetschgenwasser und Weinbrand unterrühren. Abkühlen lassen.

**Tipps** Statt Pflaumen können Sie auch Zwetschgen verwenden. Süße, feine, reife. Mit der Marzipancreme auf Seite 52 kombiniert ein Gedicht zu den Gugl-Aromen im Herbst.
Das Weinanbaugebiet »Beaujolais« liegt nördlich der Stadt Lyon im Burgund. Der Rotwein wird aus der Rebsorte Gamay gekeltert. Die Gamay-Traube ist ein wenig in Verruf, da sie teils »blasse« Weine hervorbringt. Aber im Sommer ist ein Beaujolais leicht gekühlt eine tolle Erfrischung!

# Zimt-Armagnac-Eis

Annette lebt in Ambach am Starnberger See. Dort, wo ich auch so gerne wohnen würde. Das Leben hier ist wie Urlaub. Da ist es wahrscheinlich normal, sich ein solch köstliches Eis auszudenken.

**Für 6 Portionen**

- 100 ml Milch
- 100 g Sahne
- 45 g Zucker
- 100 g Eier (2 mittelgroße)
- 1 Messerspitze Zimtpulver
- 1 cl Armagnac

**Zubereitungszeit**
**10 Minuten plus**
**8 Stunden Gefrierzeit**

Milch, Sahne und 20 Gramm Zucker aufkochen. Eier trennen und das Eigelb mit 25 Gramm Zucker schaumig schlagen. Zur aufgekochten Flüssigkeit dazugeben und bei mittlerer Hitze weiter schaumig schlagen.

Zimt in Armagnac auflösen und vor dem Gefrieren unter den Schaum mischen. Abkühlen lassen und dann einfrieren.

**Tipps** Unbedingt viel Zeit einkalkulieren. Denn der Schaum braucht mindestens 8 Stunden, um zu Eis zu werden. Aber dann gibt es kein Halten mehr, denn das Eis schmeckt zu allen, wirklich allen Gugl sensationell.
Armagnac ist eine geschützte Herkunftsbezeichnung für in Frankreich in der Gascogne hergestellten Brandy. Hohe Qualität und handwerklich einwandfreie Herstellung machen ihn eigentlich zu einem Premiumprodukt – wie den Gugl. Leider hat er diesen Status ein wenig verloren, seit er während der Nachkriegszeit extrem stark nachgefragt wurde.

# Pfefferschaum

Dagmar ist nicht nur Chefredakteurin, sie ist auch eine gute Freundin, der ich wirklich dankbar bin, weil sie unsere Gugl so erfolgreich weiterempfiehlt. Und zur perfekten Begleitung von fruchtigen Gugl hatte sie eine wirklich gepfefferte Idee.

**Für 6 Portionen**

100 g Eier (2 mittelgroße)
30 g Zucker
4 g rosa Pfefferkörner
1 Vanilleschote
250 g Sahne

**Zubereitungszeit**
**25 Minuten**

1 Eier trennen. Wasser in einem Topf zum Kochen bringen. Zucker mit Eigelben in einer Blechschüssel im Wasserbad bei mittlerer Hitze schaumig schlagen.

2 Den rosa Pfeffer in einem Mörser leicht zerstoßen. Vanilleschote längs aufschlitzen und das Mark herauskratzen. Beides dazugeben. Vom Herd nehmen. Sahne steif schlagen und unterrühren, bis der Schaum kalt ist.

**Tipps** Wenn Sie den kalten Pfefferschaum einfrieren, wird daraus ein würziges Eis, das besonders mit fruchtigen Gugl harmoniert und ihnen eine besondere Note gibt.
Ein Schaum ist immer etwas Besonderes. Und er gelingt doch so einfach: Sie können alle Kräuter oder frische Beeren verwenden. Einfach pürieren und unter das Eigelb rühren. Mein Favorit: Minzschaum. Ein Hochgenuss!

Dieses Rezept finden Sie auf Seite 2 abgebildet.

# Rezeptregister

# Über dieses Buch

**Redaktionsleitung**
Susanne Kirstein

**Projektleitung**
Eva Wagner

**Layout, Gesamtproducing**
v*büro – Jan-Dirk Hansen, München

**Redaktion**
Nicola von Otto, München

**Bildredaktion**
Annette Mayer

**Korrektorat**
Dr. Ulrike Kretschmer

**Umschlag- und Verpackungsgestaltung, Sourcing**
Norbert Pautner, Berlin

**Reproduktion**
Regg Media GmbH, München

**Druck und Verarbeitung**
Anpak Printing Ltd., Hongkong

Printed in China

MIX
Papier aus verantwortungsvollen Quellen
FSC www.fsc.org FSC® C017997

Das für diesen Titel verwendete Papier ist FSC®-zertifiziert.

ISBN 978-3-517-08745-0
817 2635 4453

## Über die Autorin

Alle Texte stammen von Chalwa Heigl. Sie entdeckte, dass zwischen Praline und Kuchen Platz für einen neuen, riesigen Genuss ist – und hat den Gugl erfunden.

## Mehr vom Gugl

Sollten Sie einmal keine Zeit oder Lust haben zu backen oder einem lieben Menschen das kleine Glück schenken wollen, können Sie nicht diese, aber andere leckere Gugl und Saucen bestellen: *www.dergugl.de*. Werden Sie auch Fan vom Gugl: Auf Facebook erfahren Sie zuerst von unseren Neuigkeiten.

## Hinweis

Die Ratschläge/Informationen in diesem Buch sind von Autorin und Verlag sorgfältig erwogen und geprüft, dennoch kann eine Garantie nicht übernommen werden. Eine Haftung der Autorin bzw. des Verlags und seiner Beauftragten für Personen-, Sach- und Vermögensschäden ist ausgeschlossen.

## Impressum



## Bildnachweis

Fotografie und Styling: Maja Smend, London
Foodstyling: Kim Morphew, London

mit Ausnahme von: www.dergugl.de (U1, Seite 5, 64)